VILLE DE REMIREMONT

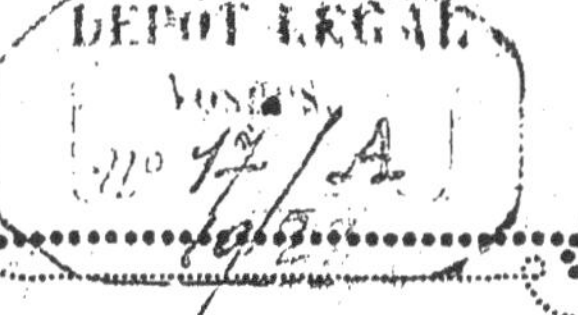

COMPAGNIE
de Sapeurs-Pompiers

RÈGLEMENT

relatif à l'Administration, au Service
aux Manœuvres et aux Incendies
du Corps de Sapeurs-Pompiers

1922

Monsieur ....

Immatriculé sous le N° ....

REMIREMONT
IMPRIMERIE P. FÉLIX ET A. MULLER

VILLE DE REMIREMONT

COMPAGNIE
de Sapeurs-Pompiers

RÈGLEMENT

relatif à l'Administration, au Service
aux Manœuvres et aux Incendies
du Corps de Sapeurs-Pompiers

1922

Monsieur

Immatriculé sous le N°

REMIREMONT
IMPRIMERIE P. FÉLIX ET A. MULLER

RÈGLEMENT

relatif à l'Administration, au Service, aux Manœuvres
et aux Incendies du Corps des Sapeurs-Pompiers

Organisation — Service général

Article Premier

La Compagnie se réunira en uniforme de petite tenue, pour
la manœuvre des Pompes et engins divers, le premier dimanche
des mois de : Avril, Mai, Juin, Juillet, Août, Septembre, Octobre
et Novembre.

Le Capitaine, d'accord avec la Municipalité, pourra en outre
provoquer d'autres sorties, soit par exemple à la Fête Nationale
de Jeanne d'Arc, au 14 Juillet, à la Toussaint, à la Fête de l'Armistice, à la Sainte-Barbe, etc., etc.

Les manœuvres seront annoncées la veille par une retraite
sonnée par les clairons de la Compagnie, pour les réunions qui
auront lieu, savoir :

De 7 heures à 9 heures du matin, dans les mois d'Avril, d'Octobre et de Novembre, de 6 heures à 8 heures du matin, dans
les autres mois.

Toutefois, les jours et heures de ces réunions, pourront toujours être modifiés, suivant les circonstances, pour cela, consulter le tableau de service de la Compagnie de l'année en cours,
dont chaque membre doit posséder un exemplaire.

Le Chef de Corps prend toutes mesures et tous ordres relatifs
au service ordinaire et aux exercices, manœuvres, revues, etc...

Art. 2.

L'appel sera fait à l'heure indiquée par l'article 1er pour chacune des sorties. Tout Sapeur-Pompier arrivant après l'appel
sera passible d'une amende de 0.50 centimes qui sera recouvrée
à la sortie suivante par les soins du sergent-major ou du fourrier.

Un contre appel pourra être fait, si le Capitaine le juge à
propos.

Art. 3

En cas d'empêchement d'assister à un service commandé, chacun est tenu de s'excuser par écrit ; les Officiers au Capitaine, les Sous-Officiers à leurs Officiers, et les Caporaux et Sapeurs à leur Chef de section. Ces excuses doivent être présentées au plus tard au moment de l'appel.

Art. 4.

Le Lieutenant est spécialement chargé de l'instruction, de la police du corps et du service de l'habillement.

Art. 5.

Le Sous-Lieutenant en premier a, dans ses attributions spéciales, la surveillance et la bonne conservation du matériel, il veille à ce que les pompes et agrès d'incendie soient toujours bien remisés et entretenus en bon état, pour être prêts à tout événement ; il se fait seconder dans cette surveillance par les sous-officiers, et doit tenir toujours au courant un inventaire du matériel mis par la Ville à la disposition de la Compagnie.

Le Sous-Lieutenant en second (ou l'Adjudant) est chargé de veiller à l'instruction des sapeurs-pompiers ; il surveille également toutes les manœuvres, réunions ou rassemblements, en y faisant régner l'ordre et la discipline.

Art. 6.

Le Sergent-Major tient un contrôle exact de la Compagnie, et en remet un double au Capitaine. Il doit être prévenu de chaque changement de domicile des membres de la Compagnie, que ce membre soit Officier, Sous-Officier, Caporal ou Sapeur-Pompier ; les nouvelles demeures doivent être exactement indiquées par la rue et le numéro. Un tableau de logement des Officiers, Sous-Officier, Caporaux et Clairons, devra toujours être affiché à l'endroit le plus apparent du dépôt des Pompes.

Le Fourrier tient le livre d'ordres, et seconde le Sergent-

Major dans ses écritures. Il a toujours sur lui le double du contrôle de la Compagnie, et fait l'appel en l'absence du Sergent-
Major.

Art. 7.

La Compagnie de Sapeurs-Pompiers est assurée contre les
accidents, blessures ou maladies, des suites de service commandé
à l'Union des Sapeurs-Pompiers de Meurthe-et-Moselle et des
Vosges, Union affiliée à la Fédération des Sapeurs-Pompiers
Français.

Elle est également assurée à la Fédération des Sapeurs-Pompiers Français à Paris contre les accidents pouvant entraîner la
responsabilité civile.

Recrutement — Engagements

Art. 8.

Le Recrutement du corps s'opère au moyen d'engagements
volontaires. L'engagement est d'une durée de 5 ans. Il est cons-
taté par écrit avec un certificat d'aptitudes physiques, délivré
par un Médecin de la localité. Il est suspendu chaque fois que
le Sapeur-Pompier est appelé sous les drapeaux et pendant toute
la durée de son service militaire effectif.

Pour être admis dans le corps, il faut adresser une demande
écrite au Capitaine commandant, en spécifiant ses nom, pré-
noms, date et lieu de naissance, profession et l'adresse exacte du
postulant.

L'admission définitive est prononcée après enquête, par le
Conseil d'administration et par le Bureau de la Société de Secours Mutuels.

Les postulants devront, à l'appui de leur demande, justifier
qu'ils sont français, qu'ils sont âgés de 18 ans révolus, et ont
moins de 35 ans ; qu'ils n'ont subi aucune condamnation de
nature à faire obstacle à la réception de l'engagement, et qu'ils
sont domiciliés à Remiremont depuis 6 mois au moins.

L'engagement ou le rengagement, se termine de droit quand
le Sapeur-Pompier a atteint l'âge de 60 ans.

Tout Sapeur-Pompier qui, sans motifs reconnus légitimes
par le Conseil d'Administration rompra son engagement, devra

payer outre les amendes qu'il aurait encourues, un dédit de 20 francs, de plus il perdra ses droits aux avantages auxquels il pouvait prétendre.

Toutefois, exception est faite, pour ceux qui, par suite de circonstances tout à fait indépendantes de leur volonté, seraient appelés à quitter Remiremont pour se fixer dans une autre commune.

Conseil d'Administration

Composition - Attributions - Pouvoirs - Réunions

ART. 9.

Le Conseil d'Administration dont la composition et les attributions sont fixées par le décret du 18 avril 1914, est convoqué au moins une fois par semestre, et chaque fois que le chef de corps le juge nécessaire ; il ne peut délibérer que lorsque 3 membres au moins assistent à la séance, en cas de partage, le Président a voix prépondérante.

ART. 10.

Les réunions du Conseil d'administration se tiennent à la Mairie, dans une salle mise sur sa demande à sa disposition. Les membres de ce Conseil sont convoqués par écrit sur l'ordre de l'Officier commandant, président.

ART. 11.

Les décisions prises sont inscrites sur un registre spécial où il est fait mention des membres qui ont assisté à la séance. Ceux-ci devront signer les procès-verbaux et pourront y faire consigner leurs observations s'il y a lieu.

Dispositions générales

ART. 12.

Aucun Sapeur-Pompier, quel que soit son grade, ou sa fonction, ne peut quitter son rang ou son poste, pendant la durée du service sans y avoir été autorisé par son chef direct.

Art. 13.

Les demandes ou réclamations individuelles, présentées hiérarchiquement, sont seules autorisées ; celles qui seraient présentées collectivement, seront considérées comme un acte d'insubordination, rendant leurs auteurs passibles de peines disciplinaires.

Art. 14.

Tout sapeur-pompier manquant à un service commandé, ou à un incendie, devra, outre l'amende prévue au règlement, légitimer son absence par les excuses agréées de ses chefs.

Art. 15.

Tout acte d'insubordination, ou refus d'obéissance dans le service, toute négligence ou absence aux convocations régulières, seront passibles des peines énumérées aux articles 28 et 29 du décret du 18 avril 1914.

Art. 16.

Tout Sapeur qui manquera à trois exercices consécutifs, sans motifs plausibles, pourra être exclu et rayé des contrôles de la Compagnie. Tout Sapeur qui se présentera sur les rangs dans une tenue incorrecte, ou dans un état d'ébriété, sera renvoyé immédiatement, et passible de l'amende déterminée par le règlement.

Habillement - Equipement - Entretien

Art. 17.

Les Sapeurs doivent entretenir constamment en bon état de propreté leurs effets d'habillement et d'équipement. Ils sont tenus de les rendre lors de leur démission ou radiation des contrôles, sous peine de poursuites intentées au nom de la Ville.

En cas de décès, les parents ou héritiers, devront faire les mêmes restitutions.

Art. 18.

Les Sous-Officiers, Caporaux et Sapeurs ne peuvent faire

usage de l'uniforme dont ils sont détenteurs que pour un service commandé (incendie, manœuvre, obsèques, réunions, concours ou missions spéciales qui peuvent leur être donnés par le Chef de Corps pour le service).

La tenue pour ces différentes sorties sera indiquée par la lettre de convocation ; les hommes ne pourront conserver leur uniforme plus de 2 heures après le retour de chaque sortie, ou la fin de chaque manœuvre.

Toute infraction aux dispositions du présent article est passible d'une peine disciplinaire.

Discipline

ART. 19.

Les peines prévues au règlement peuvent être appliquées par le Chef de corps et le Conseil d'administration. Les amendes diverses sont recouvrées par le Commandant, ou au nom de ce dernier, par le Sergent-major ou le fourrier.

Le refus d'acquitter une amende entraîne l'exclusion du corps prononcée par le Conseil d'administration, conformément à la procédure indiquée par le règlement de service.

Honneur et Récompenses
Avantages — Secours — Pensions

ART. 20.

En vertu de l'article 39 du décret du 18 avril 1914, les Officiers, et gradés de Sapeurs-Pompiers, revêtus de leurs uniformes, ont droit, de la part des militaires de l'armée active et de ses réserves, aux marques extérieures de respect prévues par les règlements militaires. Les Sapeurs-Pompiers doivent les mêmes marques de respect aux militaires des grades supérieurs au leur ; à égalité de grade, ils saluent les premiers.

Le Sapeur-Pompier qui manquerait à ce devoir sera traduit devant le Conseil d'Administration statuant disciplinairement.

Art. 21.

Les Sapeurs-Pompiers peuvent prétendre aux récompenses honorifiques décernées par le Président de la République, sur la demande de leurs chefs hiérarchiques, et sur la proposition du Ministre de l'Intérieur, pour acte de courage et de dévouement.

Ces récompenses sont les suivantes : Lettres de félicitations, Mention honorable, Médaille de bronze, d'argent de deuxième et de première classe, Médaille de vermeil, Médaille d'or.

Art. 22.

Les Sapeurs-Pompiers qui compteront vingt-cinq années de services, non compris les services militaires, et qui auront constamment fait preuve de dévouement, pourront recevoir du Ministre de l'Intérieur, sur la proposition de l'Officier commandant, une Médaille d'argent et un Diplôme d'honneur (loi du 8 Avril 1914).

Art. 23.

L'honorariat peut être conféré par le Conseil d'Administration ou par le Chef de corps, aux anciens Sous-Officiers, Caporaux et Sapeurs comptant au moins vingt-cinq ans de services à la Compagnie, et qui auront constamment fait preuve de courage et de dévouement.

Ce titre honorifique pourra être concédé avec le dernier grade de l'intéressé, ou le grade immédiatement supérieur, sans dépasser toutefois celui d'adjudant.

En ce qui concerne les Officiers honoraires, ceux-ci sont nommés par le Président de la République sur la proposition de la Municipalité et du Ministre de l'Intérieur, avec leur dernier grade, ou le grade immédiatement supérieur, sans dépasser ce_ lui de Commandant.

ART. 24.

L'Honorariat confère le droit de porter dans les **cérémonies** publiques et dans les réunions de corps, l'uniforme **du grade** concédé.

ART. 25.

Aucune condition de temps ne sera exigée des **gradés et sa**peurs qui pourront résigner leurs fonctions à la suite de blessures reçues ou de maladies contractées en service commandé.

ART. 26.

Les Sapeurs-Pompiers de la commune sont dispensés de fournir le logement militaire, ont droit pour leur fils, fille, frère ou sœur, à une seule et unique bourse aux collèges, après un an de présence à la Compagnie.

ART. 27

En vertu de la loi du 21 mars 1905, 25 février 1914, les Sapeurs-Pompiers inscrits sur les contrôles de la Compagnie depuis 2 ans, et qui ont contracté un engagement de 5 années, sont dispensés de la période d'exercices militaires dans l'armée territoriale. S'ils ne terminent pas leur engagement, ils sont appelés pour effectuer la période dont ils sont dispensés.

ART. 28.

Une caisse de secours, pensions de retraites, est **établie** en faveur des Sapeurs-Pompiers de tous grades, y **compris** les officiers qui sont, soit en activité ou pensionnés.

Elle assure à ceux-ci, moyennant une cotisation **annuelle de** 36 fr. (chiffre variable suivant les circonstances) **les soins des** médecins, en cas de maladie ou d'accidents, les frais pharmaceutiques, plus actuellement une pension de 200 **francs par an**, après 25 ans de service et 55 ans d'âge.

Cette pension de 200 fr. pourra être majorée **par la suite, dès** que la situation budgétaire de la Société ou les circonstances le permettront.

Elle verse en outre à la famille ou aux héritiers, en cas de décès, une somme de 100 fr. au maximum, pour frais funéraires.

ART. 29.

Des indemnités pécuniaires fixées chaque année en assemblée générale peuvent être accordées à des membres, qui n'ont pu, par suite de maladie ou de circonstances exceptionnelles, accomplir leur 25 années de service, et être admis à la pension de retraite.

Obsèques

ART. 30.

En cas de décès du Maire, d'un Adjoint ou d'un Membre actif du corps, l'effectif entier assistera aux obsèques en grande tenue.

Pour un conseiller municipal, un membre honoraire, ou un membre retraité de la Compagnie, une délégation de 15 membres dont un gradé et les clairons.

S'il y a une cérémonie religieuse, de quelque culte que ce soit, le chef de la délégation fera rompre les rangs à l'entrée de l'Eglise ou du Temple, et les Sapeurs-Pompiers ne pourront assister au service religieux qu'à titre individuel.

Service d'Incendie

ART. 31.

Dès qu'un incendie est signalé en Ville, les clairons sonnent l'alarme dans tous les quartiers (chaque clairons devant avoir son secteur désigné). Les Officiers, Sous-Officiers, Caporaux et Sapeurs se rendent immédiatement au dépôt des pompes, pour y recevoir les ordres de l'officier-commandant.

Le Capitaine, ou en son absence, le Lieutenant, se rend au lieu de l'incendie, où il prend le commandement général ; les ordres ne peuvent être révoqués que par lui.

Art. 32.

Hormis les cas prévus à l'article 25, du décret règlementaire en date du 10 novembre 1903, si des personnes étrangères au corps, veulaient donner des ordres, les Sous-Officiers, Caporaux et Sapeurs-Pompiers, ne devront en tenir aucun compte, et se borneront à l'exécution des ordres de leurs chefs.

Art. 33.

Le plus grand silence est recommandé pendant l'action à tous les hommes faisant partie du corps des Sapeurs-Pompiers afin que les ordres transmis soient distinctement entendus. Toute infraction au présent article sera sévèrement puni.

Art. 34.

L'Officier-Commandant pourra donner aux Fontainiers chargés de la surveillance et de l'entretien des fontaines de la Ville, des ordres sur l'opportunité de lâcher les vannes des réservoirs d'eau, et ouvrir les regards des robinets de distribution des eaux de la Ville.

Personne, autre que ces fontainiers, n'est autorisé sans un ordre de l'autorité municipale, ou du Capitaine, à toucher aux vannes, regards et bouches d'incendie. Aussi pour la facilité de service, ces fontainiers devront-ils au premier signal d'alarme indiquant un incendie, se tenir à la disposition des autorités précitées.

Art. 35.

En cas d'incendie dans une commune voisine, le Capitaine devra provoquer des ordres de l'autorité municipale, et fera prévenir de suite à domicile, les Officiers, Sous-Officiers, Caporaux et Sapeurs, qui tous se rendront au lieu de dépôt du matériel, où ils attendront les ordres qui pourront leur être donnés ou transmis.

Art. 36.

Une seule pompe, moto ou arroseuse, garni de ses seaux ou agrès quittera la Ville avec le détachement de pompiers commandé, pour se rendre sur le théâtre d'incendie. Si d'autres pompes étaient nécessaires, elles ne pourront être expédiées que sur de nouveaux ordres de l'autorité municipale.

Art. 37.

Après le départ du détachement, il est expressément défendu aux autres Pompiers de quitter la ville isolément, et sans ordre spécial.

Art. 38.

Les hommes envoyés en détachement à l'extérieur, devront rentrer ensemble, et ne se séparer qu'après l'appel fait, le matériel rentré au dépôt, et repris en charge par le garde-magasin.

Ordres particuliers en cas d'incendie en Ville

Art. 39.

Aussitôt que l'alarme est donnée, le Capitaine se rend sur les lieux du sinistre, ainsi qu'il est prescrit par l'article 31.

Le Lieutenant se rend également au lieu du sinistre, et seconde le Capitaine-Commandant, soit dans l'application des moyens d'attaque du feu par chacune des section de travailleurs, soit dans l'organisation du service d'ensemble, dont il a la police générale, exception faite du service d'ordre, qui est assuré par la Police, la Gendarmerie et la troupe, le cas échéant.

Les Sous-Lieutenants ont le commandement des diverses sections d'attaque.

Le Sergent-Major, le Fourrier, les Caporaux et servants des pompes, se rendent au magasin du matériel. Les premiers arrivés sortiront les pompes et engins divers, et à mesure de l'arrivée des hommes, l'officier, et à défaut le plus élevé en grade, fera partir chaque pompe en ayant soin de mettre un gradé à chacune d'elles.

Art. 40.

Après le départ de la première, il fera partir ensuite et successivement les dévidoirs portant les demi-garnitures de rechange, le matériel de sauvetage, les seaux de réserve, et d'autres pompes s'il y a lieu.

ART. 41.

Le Sous-Officier commandant la pompe se tient constamment près de celle-ci, il surveille l'arrivée de l'eau, fait commencer et cesser la manœuvre, avancer ou reculer la pompe, la porter à droite ou à gauche, sur l'ordre de l'Officier.

Il en est de même de la moto-pompe, mais contrairement aux pompes ordinaires, celle-ci se branche sur une bouche, une borne-fontaine, suivant la disposition des lieux, on la met également en aspiration dans une nappe d'eau, dans une fontaine, au canal, à la Moselle, ou dans la bâche en toile faisant partie du matériel de réserve.

Cet engin de premier ordre, ne doit être mis en marche que par les hommes spécialement instruits, qui y sont affectés, sous la surveillance d'un officier et du sous-officier chef de pompe.

L'arroseuse-automobile, dont la tonne d'une contenance de 3.600 litres d'eau, doit toujours être prête à partir au premier signal.

Dès son arrivée sur les lieux du sinistre, les deux lances dont elle est munie pourront être mises immédiatement en batterie avec une pression de 2 à 4 kilos au refoulement, suivant les applications demandées. Le mécanicien conducteur avec 2 hommes peuvent en assurer le fonctionnement, comme premier secours, pour l'extinction des incendies.

Le contenu de la tonne se vide en 15 minutes, l'alimentation continue peut être assurée soit par une bouche ordinaire d'incendie, soit dans le cas où l'on ne dispose pas d'eau sous pression, par aspiration directe dans un point d'eau quelconque (rivières, bassin, étang, etc...). Entre temps les pompiers installent leur mise en batterie définitive.

Pour le transport rapide sur les lieux du sinistre les pompiers prennent place sur des marche-pieds placés de chaque côté de la tonne automobile, qui porte elle-même lances, raccords, garnitures et accessoires divers. La tonne est également munie d'un crochet arrière, pour tirer la moto-pompe ou un dévidoir.

Art. 42.

Les lances de chaque pompe doivent être tenues autant que possible par un Caporal, ou à défaut par le sapeur porte-hache.

Art. 43.

Le Caporal ne tenant pas la lance, est chargé de la surveillance des raccords, du soin d'ajuster avec un aide, de nouvelles demi-garnitures, sur l'ordre du Sous-Officier commandant la pompe, ou d'un Officier.

Art. 44.

Quatre sapeurs au moins devront être à chaque pompe, ils devront après avoir mis la pompe en batterie, sur l'ordre du chef, aider à l'ajustage des demi-garnitures, serrer et vérifier les raccords, faire toutes les réparations qui peuvent se présenter, placer des colliers anti-fuite s'il y a lieu, en un mot faire les manœuvres et opérer les différents changements prescrits, étant aidés en cela par les travailleurs.

Art. 45.

Ceux qui ne seraient pas occupés, devront se mettre à la chaîne s'il y en a une, et de préférence puisser l'eau ou la verser dans la pompe.

Art. 46.

Aussitôt l'incendie finie, le rappel sera sonné, les hommes se réuniront en avant du parc de réserve, l'appel sera fait, et le résultat immédiatement transmis au Capitaine, ou à l'Officier de service.

Art. 47

Si à ce moment, l'Officier-commandant estime qu'il y a encore des précautions à prendre, les Caporaux et Sapeurs commandés par le service mensuel, se réuniront à l'appel du Sergent-Major, ou du Fourrier.

En cas de nécessité, l'Officier de service pourra augmenter le nombre des hommes de garde.

Art. 48.

Tous les sapeurs-pompiers de service ont droit, sans distinction de grade, à une indemnité de 5 fr. pour une garde de 24 heures, dès la formation du piquet. Ils devront s'entretenir à leurs frais, des vivres qui leur seront nécessaires.

Dans les incendies qui se déclareront en semaine, pendant les heures de travail, tous les sapeurs-pompiers qui s'y rendront auront également droit à une indemnité par heure de présence, jusqu'à la prise de service du piquet ; cette indemnité sera fixée par le Capitaine après chaque incendie, et l'état nominatif émargé par les hommes, sera remis à la Mairie pour être mandaté.

Art. 49.

Le chef de poste établira la consigne suivant les circonstances.

Art. 50.

Le poste sera levé sur l'ordre du chef, les hommes rentreront au magasin, les pompes, échelles, seaux et agrès, et ne se retireront qu'ensuite.

Indemnités

Art. 51.

Tous les membres de la Compagnie ont droit à une indemnité de 3 fr. pour présence aux manœuvres.

Par contre, tout manquement à un service, à une convocation régulière, tels que : réunions, revues, etc..., sera passible d'une amende de 3 fr. (Décision du Conseil d'administration).

Pour les exercices et manœuvres d'instruction, qui ont lieu les mercredi ou vendredi de chaque semaine au magasin des Pompes, d'avril à novembre, de 20 à 21 heures, tout manquement sans excuse valable, sera également passible d'une amende de 0.50 centimes.

ART. 52.

Tout Sapeur-Pompier quittant la Compagnie, devra remettre son livret au Capitaine, qui le lui rendra, après y avoir, s'il y a lieu, inséré un certificat constatant les bons services du titulaire.

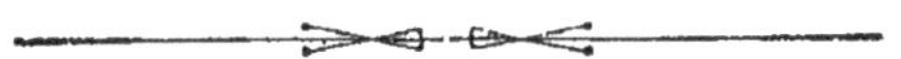

Le Chef de Corps est chargé de l'exécution du présent arrêté, dont copie sera remise à chaque sapeur-pompier inscrit sur les contrôles ainsi qu'à tout homme, au moment de son entrée au service.

Fait à Remiremont, le 31 octobre 1922.

Pour le Conseil d'Administration :

Le Capitaine-l'Résident,

Charles CAILLIER.

Vu et Approuvé :

Le Maire de Remiremont,
Chevalier de la Légion d'Honneur,
Emile MOUGIN.

Approuvé :

Epinal, le 30 Janvier 1923.

Pour le Préfet :
Le Secrétaire Général,

GIRARD.

MUTATIONS & SERVICES DANS LA COMPAGNIE

Entré au corps de .... le ....

Dates
des
engagements
de 5 ans

le ....

le ....

le ....

le ....

GRADES

Sapeur.............. le ....

Caporal .... le ....

Sergent .... le ....

Sergent-fourrier ...... le ....

Sergent-major........ le ....

.... le ....

Rayé du contrôle le ....

par suite de ....

....

....

DISTINCTIONS HONORIFIQUES

....

....

....

....

....

....

9 782329 086637